## Workbook 3

Charonne Prosser

**Series editor**
Tracy Traynor

**Series consultants**
Peggy Agard, Tiffany Azille-Henry, Shana-Kay Barnett, Bianka Boyce,
Martha Corbett-Baugh, Tania Denny, Sinda López Fuentes,
Chimene Moonsammy, Diana Carolina Neva Prieto, Karen Peterson,
Alejandro Perez, Maria Elena Rose, Maltee Sinanan, René Young Romero

# Collins

HarperCollins*Publishers* Ltd
The News Building
1 London Bridge Street
London SE1 9GF
HarperCollins Publishers
Macken House,
39/40 Mayor Street Upper,
Dublin 1,
D01 C9W8
Ireland
First edition 2015
10
© HarperCollins*Publishers* Limited 2015
ISBN 978-0-00-813635-2

This book contains FSC™ certified paper and other controlled sources to ensure responsible forest management.

For more information visit: www.harpercollins.co.uk/green

Collins® is a registered trademark of HarperCollins*Publishers* Limited

**www.collins.co.uk/Caribbean**

A catalogue record for this book is available from the British Library.

All rights reserved. No part of this book may be reproduced, stored in a retrieval system, or transmitted in any form or by any means, electronic, mechanical, photocopying, recording or otherwise, without the prior permission in writing of the Publisher. This book is sold subject to the conditions that it shall not, by way of trade or otherwise, be lent, re-sold, hired out or otherwise circulated without the Publisher's prior consent in any form of binding or cover other than that in which it is published and without a similar condition including this condition being imposed on the subsequent purchaser.

If any copyright holders have been omitted, please contact the Publisher who will make the necessary arrangements at the first opportunity.

Contributors: Tiffany Azille-Henry, Lou Fonceca, Katie Foufouti, Sinda López Fuentes, Penny Hands, Chimene Moonsammy, Diana Carolina Neva Prieto, Charonne Prosser, Maria Elena Rose, Clare Shephard

Reviewers and consultants: Peggy Agard, Tiffany Azille-Henry, Shana-Kay Barnett, Bianka Boyce, Martha Corbett-Baugh, Tania Denny, Chimene Moonsammy, Diana Carolina Neva Prieto, Alejandro Perez, Karen Peterson, Maltee Sinanan, René Young Romero

Series editor: Tracy Traynor

Publisher: Elaine Higgleton

Commissioning editor: Lucy Cooper

Editor: Leah Willey

Series concept design, cover design and bird characters: Steve Evans

Typesetters and illustrators: QBS

Printed and bound in the UK by Ashford Colour Ltd

# Contents

1  ¿Cómo es?  4
2  ¿Hablas español?  7
3  ¿Juegas al fútbol?  8
4  Soy bueno en...  11
5  Veintiuno, veintidós,...  12
6  De compras para la fiesta  15
Review 1  16
7  Los meses del año  18
8  ¡A celebrar!  21
9  ¿Cómo vas?  22
10 Voy en carro  25
11 ¿Qué hora es?  26
12 ¡Es la hora de comer!  29
Review 2  30
13 Las materias  32
14 El lunes...  35
15 ¿Dónde está el pez azul?  36
16 ¡Está detrás de ti!  39
17 Mis vacaciones  40
18 Quiero sacar fotos  43
Review 3  44
My Spanish notes  48

# 1 ¿Cómo es?

### 1 Completa el crucigrama.

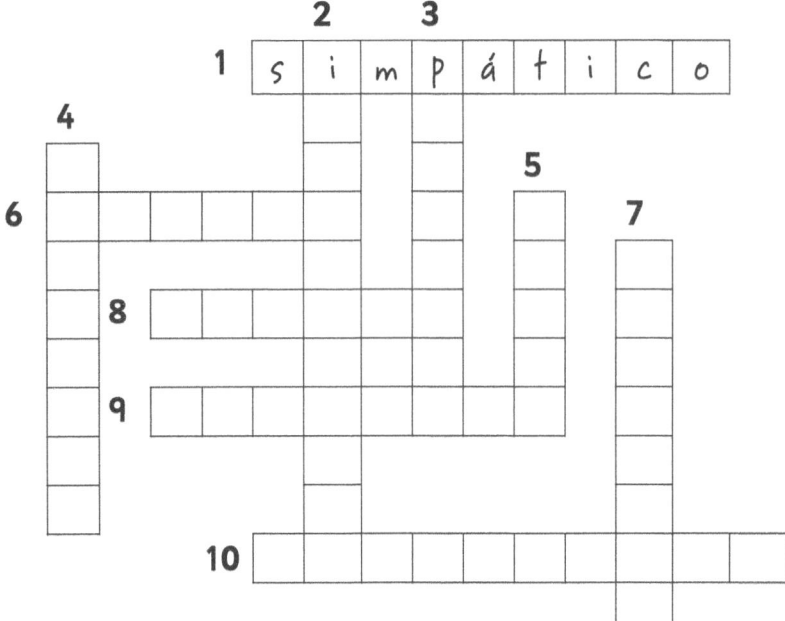

**Across**
1 friendly
6 kind
8 shy
9 generous
10 sporty

**Down**
2 intelligent
3 lazy
4 chatty
5 silly
7 funny

### 2 Escribe las palabras en el cuadro correcto.

~~perezosos~~   tonta   deportistas   gracioso
habladoras   tímidos   generosa   simpático

| Miguel | Anita | los amigos | las amigas |
|---|---|---|---|
|  |  | perezosos |  |

### 3 Mira y elige la palabra correcta.

1
2
3
4
5
6

1 Soy **deportista** / **perezoso**.
2 Soy **tonto** / **inteligente**.
3 Soy **gracioso** / **simpático**.
4 Soy **perezoso** / **hablador**.
5 Soy **amable** / **tímido**.
6 Soy **tonto** / **generoso**.

### 4 Empareja las frases. Después escribe en inglés.

1 Soy habladora, pero — c mi amiga es tímida.
2 Mi hermano          a son simpáticos.
3 Mi abuela es        b graciosa.
4 Mis padres          d deportista?
5 ¿Eres               e perezosos.
6 Somos               f es amable.

1 _____
2 _____
3 _____
4 _____
5 _____
6 _____

### 5 ¿Verdadero o falso? Lee y marca V o F.

Mi familia es muy amable. Hay siete personas en mi familia. Mi madre es inteligente y mi padre es gracioso. Mi abuelo es tímido y mi abuela es habladora. Mi hermano es perezoso y mi hermana es generosa. Mis primos son deportistas. **María Eduarda**

1 Hay seis personas en su familia. V / (F)
2 Su padre es inteligente. V / F
3 Su abuelo es tímido. V / F
4 Su abuela es habladora. V / F
5 Su hermano es generoso. V / F
6 Su hermana es inteligente. V / F

### 6 Eres María Eduarda. Habla con tu amigo/a.

¿Cómo es tu abuelo?

Es tímido.

## 7 ¿Cómo es tu familia? Escribe los detalles.

> Mi hermano / hermana / padre / madre / tío / tía / primo / prima
> Mis padres / abuelos / hermanos / tíos / primos
> Es / Son... deportista / hablador / gracioso / generoso / amable / inteligente / perezoso / tímido / tonto / simpático

Hay _____ personas en mi familia.

_____

_____

_____

## 8 Corrige las frases.

1 Mi hermana Patricia es ~~gracioso~~. *graciosa*

2 Mis abuelos somos amables.

3 ¿Eres tímidas?

4 Mi hermana y yo somos inteligente.

5 Mi amigo Santiago es habladora.

6 Ustedes es simpáticos.

### ¡Descubre!

¿Cómo se llaman los siete enanitos en español?
Bashful – Tímido

# 2 ¿Hablas español?

**1** Escribe las frases.

1. Alexis — ¡Hola! ~~Hello!~~
2. Julia — Hello! ~~¡Hola!~~
3. Emanuel — Hello! ¡Hola!
4. La Señora Delfín — ¡Hola! Hello! Bonjour!
5. El Señor Muñoz — ~~Bonjour!~~ ¡Hola!
6. La Señorita Nadal — ¡Hola! ~~Hello!~~

1. Alexis habla español pero no habla inglés.
2. _____
3. _____
4. _____
5. _____
6. _____

 **2** Mira la Actividad 1 y habla con tu amigo/a.

¿Alexis, hablas inglés?

No, no hablo inglés pero hablo español.

# 3 ¿Juegas al fútbol?

**1** ¿Qué hacen? Mira las imágenes y empareja las frases.

1    2    3

4    5    6

1 Los perros juegan — al volibol.
2 Las tortugas juegan — al fútbol.
3 Las lagartijas juegan   al tenis.
4 Los ratones juegan   al baloncesto.
5 Los gatos juegan   al tenis de mesa.
6 Los caballos juegan   al bádminton.

**2** Busca las palabras.

| t | v | b | t | f | ú | t | b | o | l | t |
|---|---|---|---|---|---|---|---|---|---|---|
| e | o | a | c | e | i | s | t | o | n | b |
| n | b | l | a | u | é | i | s | ú | t | á |
| i | v | o | l | i | b | o | l | t | e | d |
| s | b | n | h | k | y | m | n | i | f | m |
| d | é | c | c | r | í | q | u | e | t | i |
| e | i | e | c | q | t | m | e | a | e | n |
| m | s | s | s | h | l | d | f | d | n | t |
| e | b | t | r | u | g | b | y | o | i | o |
| s | o | o | o | í | e | k | b | l | s | n |
| a | l | g | h | o | c | k | e | y | b | y |

### 3 Empareja las frases.

1 Asif juega
2 Jorge
3 Luisa y Ana
4 Mis amigos y yo
5 Juego al rugby, pero
6 ¿Juegas

a juegan al volibol.
b al tenis de mesa.
c jugamos al hockey.
d al críquet?
e juega al tenis.
f no juego al fútbol.

### 4 Escribe las palabras. Después escribe las frases en inglés.

1 **guejan** _Juegan_ al baloncesto. _They play basketball._
2 **goeuj** _____ al bádminton. _____
3 **somajug** _____ al hockey. _____
4 **jague** _____ al béisbol. _____
5 **¿gusjea** _____ al volibol? _____
6 **¿nagjeu** _____ al tenis? _____

### 5 Completa el texto.

alto   jugamos   juegas   juega   ~~juego~~   hockey   juegan

**El deporte en mi escuela**
En mi escuela jugamos muchos deportes. Mis deportes favoritos son el tenis y el fútbol. Los miércoles **(1)** ___juego___ al bádminton y al tenis en la escuela. Mi amigo Francisco
**(2)** _____ al baloncesto. ¡Es muy
**(3)** _____ Mis amigas Ana María y Lara
**(4)** _____ al **(5)** _____. Los viernes mis amigos y yo **(6)** _____ al fútbol después de clase.
¿Qué deportes **(7)** _____ en tu escuela?

**6  Mira las imágenes y habla con tu amigo/a.**

tú    Tomás    Veronica y María    Ustedes

¿Juegas al fútbol?    Sí, juego al fútbol.

**7  ¿Qué juega tu familia?  Escribe los deportes.**

Mi madre / padre / abuelo / abuela / tío / tía / hermana / hermano
juega / juegan / jugamos / juego
al hockey / rugby / críquet / volibol / bádminton / baloncesto / tenis / tenis de mesa / fútbol / béisbol

Mi hermano juega al baloncesto.
_____
_____
_____

**8  Escribe las frases en español.**

1  We play volleyball. Jugamos al volibol.
2  They play cricket. _____
3  Do you (tú) play badminton? _____
4  I play table tennis. _____
5  Do you (ustedes) play rugby? _____
6  She plays baseball. _____

**¡Descubre!**

¡Todo el mundo juega al fútbol! ¿Qué otros deportes son populares en...?
Bolivia    Chile    Uruguay    Nicaragua    Argentina    Honduras

# 4 Soy bueno en...

**1** Completa las frases.

**2** Habla con tu amigo/a.

# 5 Veintiuno, veintidós,...

**1** Empareja las palabras y los números.

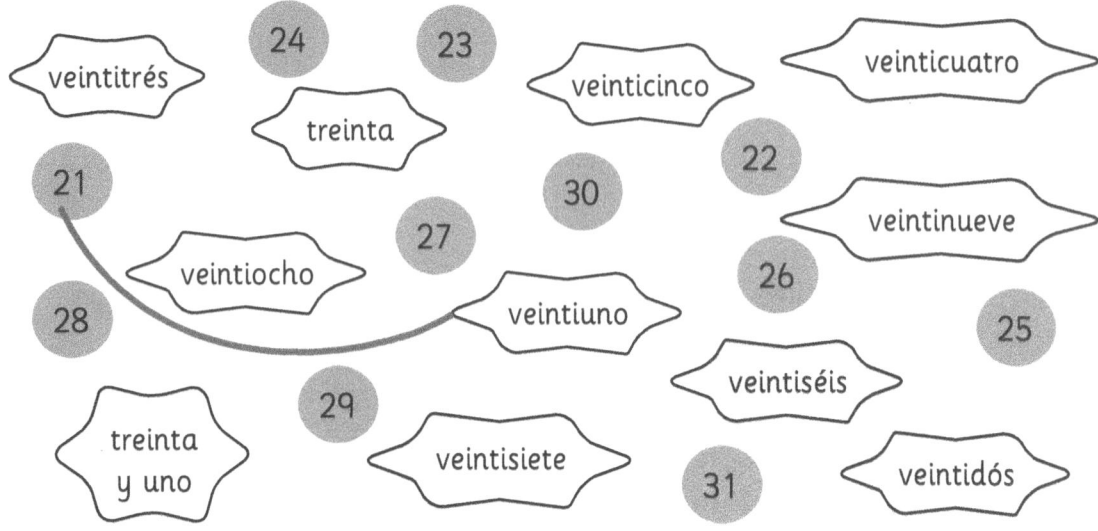

**2** Completa los números.

21 veinti _uno_
27 veint____siete
30 _____
25 _____ cinco

23 veinti_____
29 _____
22 _____
31 _____ y ____

**3** Escribe los números que faltan.

1  veinte, _veintiuno_, veintidós, _____, veinticuatro, _____, veintiséis, _____

2  veinte, _____, veinticuatro, _____, veintiocho, _____

3  treinta y uno, veintinueve, _____, veinticinco, _____, _____

### 4 Cuenta y escribe ✔ o ✗.

**¡Diviértete con las matemáticas!**

1. doce + nueve = veintiuno ✔
2. veintinueve − veintitrés = siete ☐
3. treinta - siete = veinticuatro ☐
4. dieciocho + nueve = veintisiete ☐
5. diecinueve + seis = veintiséis ☐
6. catorce + dieciséis = treinta ☐
7. once + dieciocho = veintinueve ☐
8. treinta - seis = veinticinco ☐

### 5 ¡Rompecabezas! ¿Cuántos años tienen?

Mi madre tiene 29 años. Mi padre tiene dos años más. Mi tío tiene tres años menos que mi padre. Mi tía tiene un año menos que mi tío. Mi primo tiene veintidós años menos que mi tío y mi prima tiene veinticinco años menos que mi madre. ¿Cuántos años tienen todos?

1 madre _29_   2 padre ___   3 tío ___   4 tía ___   5 primo ___   6 prima ___

## 6 Escribe los números.

Vivo en la calle Simón Bólivar, número **28** _veintiocho_. Mi madre tiene **30** _____ años y mi padre tiene **27** _____ años. Mi tío tiene **24** _____ años y mi tía tiene **22** _____ años. Mis tíos viven en la calle Eva Perón, número **21** _____.

## 7 Completa los detalles.

Mis **(1) despar** _padres_ tienen una tienda de **(2) costmasa** _____.
Hay muchos animales. Hay **(3) estévinirt** _____ hámsters y
**(4) ichevionot** _____ serpientes. Hay **(5) neiinveetvu** _____
pájaros y **(6) atinert** _____ perros. Hay **(7) tartine y nau** _____
tortugas y **(8) vestisiéni** _____ peces. ¡Hay
**(9) nóvetidis** _____ ratones pero hay sólo un **(10) toga** _____!

## ¡Descubre!

¿Cuántos alumnos hay en tu clase? ¿Y en las otras clases de tu escuela?

# 6 De compras para la fiesta

**1** Escribe.

1 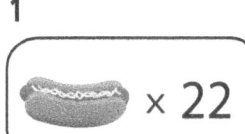 × 22
2 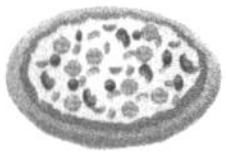 × 30
3  × 25
4  × 27
5 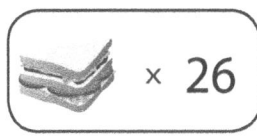 × 26
6 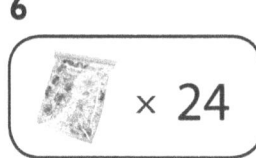 × 24
7  × 28
8  ×23

perros calientes    sándwiches    pizzas    helados
hamburguesas    caramelos    globos    sodas

1 veintidós perros calientes
2 _____
3 _____
4 _____
5 _____
6 _____
7 _____
8 _____

**2** Habla con tu amigo/a. Escribe el número y comprueba.

Deme veinticinco hamburguesas, por favor.

25 hamburguesas.

# Review 1

**1** **Empareja las frases.**

**Ejemplo:** Juegan al ⌒⌒⌒ tenis de mesa.

1  Hablo un poco                a  globos, por favor.

2  No soy buena                 b  en béisbol.

3  Mi abuela es                 c  críquet?

4  Deme veinticinco             d  de inglés.

5  Mis hermanos son             e  amable.

6  ¿Juegas al                   f  perezosos.

☐ /6

**2** **Escribe los números que faltan**

treinta y uno, ___treinta___, veintinueve, _____,

veintisiete, _____, _____, _____,

veintitrés, _____, _____, veinte

☐ /6

**3** **Escribe las palabras.**

**Ejemplo:** Ustedes son ~~postácimis~~.   ___simpáticos___

1  Carlita es **dolabarah**.   _____

2  Miguel es **moidít**.   _____

3  ¿Eres **zopeerso**?   _____

4  Mi hermana es **sogariac**.   _____

5  Mi padre es **rengoseo**.   _____

6  Soy **spredaitot**.   _____

☐ /6

16

## 4 Escribe las frases.

Ejemplo: 🏀

1. 🏓
2. 🏈
3. 🏏
4. (hockey)
5. ⚾
6. 🎾

**Ejemplo:** hermano / _Mi hermano juega al baloncesto._

1. madre / _____
2. hermanas / _____
3. abuelo / _____
4. ustedes / _____
5. (yo) / _____
6. (tú) / _____    /6

## 5 Completa el texto.

simpática   bueno   Juego   ~~llamo~~   francés   buena   baloncesto

Me _llamo_ Daniela. Soy inteligente y **(1)** _____.
**(2)** _____ al rugby y al **(3)** _____.
No soy **(4)** _____ en baloncesto. ¡Mi amigo Jaime es
**(5)** _____ en críquet! Hablo **(6)** _____ y español.    /6

17

# 7 Los meses del año

**1** Busca los primeros seis meses del año.

| m | f | e | b | r | e | r | o |
|---|---|---|---|---|---|---|---|
| m | f | s | j | s | j | a | f |
| a | j | i | u | e | u | b | e |
| r | z | l | n | o | a | r | b |
| z | m | a | i | p | r | i | m |
| o | a | m | o | t | i | l | a |
| y | y | i | o | i | o | a | z |
| a | o | e | n | e | r | o |   |

**2** Completa los meses.

1  j u l i o

2  s __ pt __ __ mbr __

3  __ ct __ br __

4  __ g __ st __

5  d __ c __ __ mbr __

6  n __ v __ __ mbr __

**3** Completa el calendario.

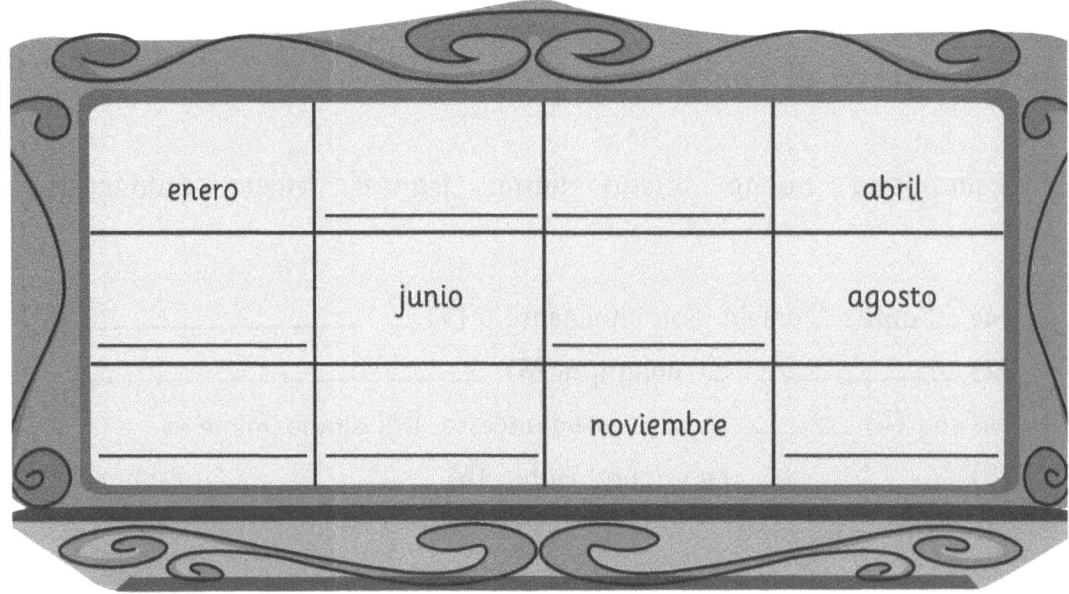

## 4 Lee y escribe el mes y la persona.

mi abuelita 5/5 | Bárbara 14/3 | mi primo 31/7 | Lucía 8/10

mi mamá 18/12 | Nicolás 27/2 | Leandro 22/1 | mi abuelo 12/6

a. mayo — 5 — mi abuelita
b. ___ 18 ___
c. ___ 14 ___
d. ___ 27 ___
e. ___ 31 ___
f. ___ 22 ___
g. ___ 8 ___
h. ___ 12 ___

## 5 Completa los detalles.

Hay siete personas en mi familia. Mi cumpleaños es el

(a) 16/4 __el dieciséis de abril__ y el cumpleaños de mi hermana es el

(b) 4/11 _____ El cumple de mi hermano es el

(c) 30/8 _____. El cumpleaños de mi madre es el

(d) 23/12 _____, dos días antes de

(e) ivadand _____. El cumpleaños de mi padre es el

(f) 17/3 _____. El cumpleaños de mi abuelo es el

(g) 19/5 _____ y el cumple de mi abuela es el

(h) 10/10 _____.

## 6 Escribe los detalles de los cumpleaños de tu familia.

> El cumpleaños de… es el (cinco / quince / treinta) de enero / febrero / marzo / abril / mayo / junio / julio / agosto / septiembre / octubre / noviembre / diciembre.

El cumpleaños de mi hermana es el quince de abril.

_____

_____

_____

_____

## 7 Completa los detalles para María Hernández, una actriz famosa.

En **(1) noree** _enero_, hace **(2) ofrí** _____
y **(3) vanie** _____. Voy de **(4) spacrom** _____.

En **(5) libra** _____, hay **(6) mentratos** _____.
Voy al **(7) nice** _____.

En **(8) oliuj** _____, hace **(9) los** _____
y **(10) crola** _____. Voy a la **(11) yalpa** _____.

### ¡Descubre!

¿Cuándo es el cumpleaños de latinoamericanos famosos? Busca:

dos futbolistas     dos actores/actrices     dos estrellas de pop

# 8 ¡A celebrar!

**1** ¿Verdadero o falso? Lee y marca *V* o *F*.

> ¡Hola! Me llamo Magdalena y vivo en Jarácuaro, en México. El 2 de noviembre celebramos el Día de los Muertos. Es una fiesta muy divertida. Pasamos el día con la familia y los amigos. Mis amigos y yo pintamos caras y paseamos por la calle. Comemos comida riquísima y bailamos bailes típicos.

1. Magdalena vive en Perú. — V /(F)
2. El Día de los Muertos es el dos de noviembre. — V / F
3. La fiesta es aburrida. — V / F
4. Pintan casas. — V / F
5. No hay comida riquísima. — V / F
6. Bailan bailes típicos. — V / F

**2** ¿Cómo celebran...? Habla con tu amigo/a.

comemos   celebramos   pasamos

recibimos   cantamos   bailamos

> ¿Cómo celebran Navidad?

> Comemos...

# 9 ¿Cómo vas?

## 1 Completa el crucigrama.

1 autobús
2
3 ferry
4
5
6 b
7
8
9
10


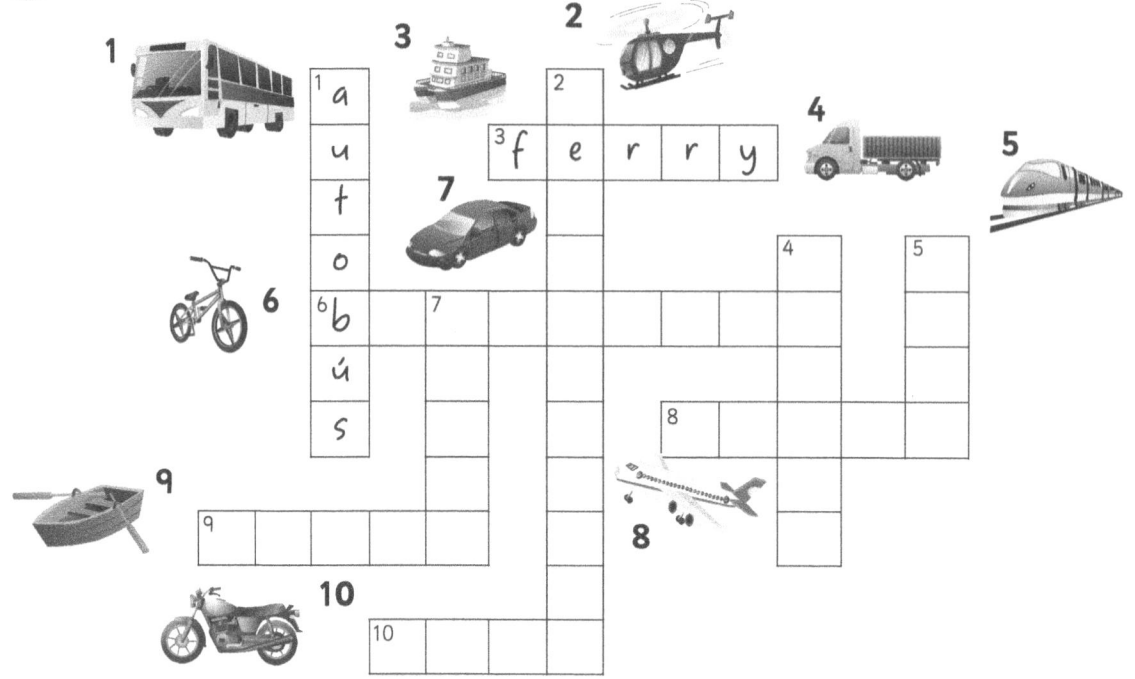

## 2 Escribe las palabras.

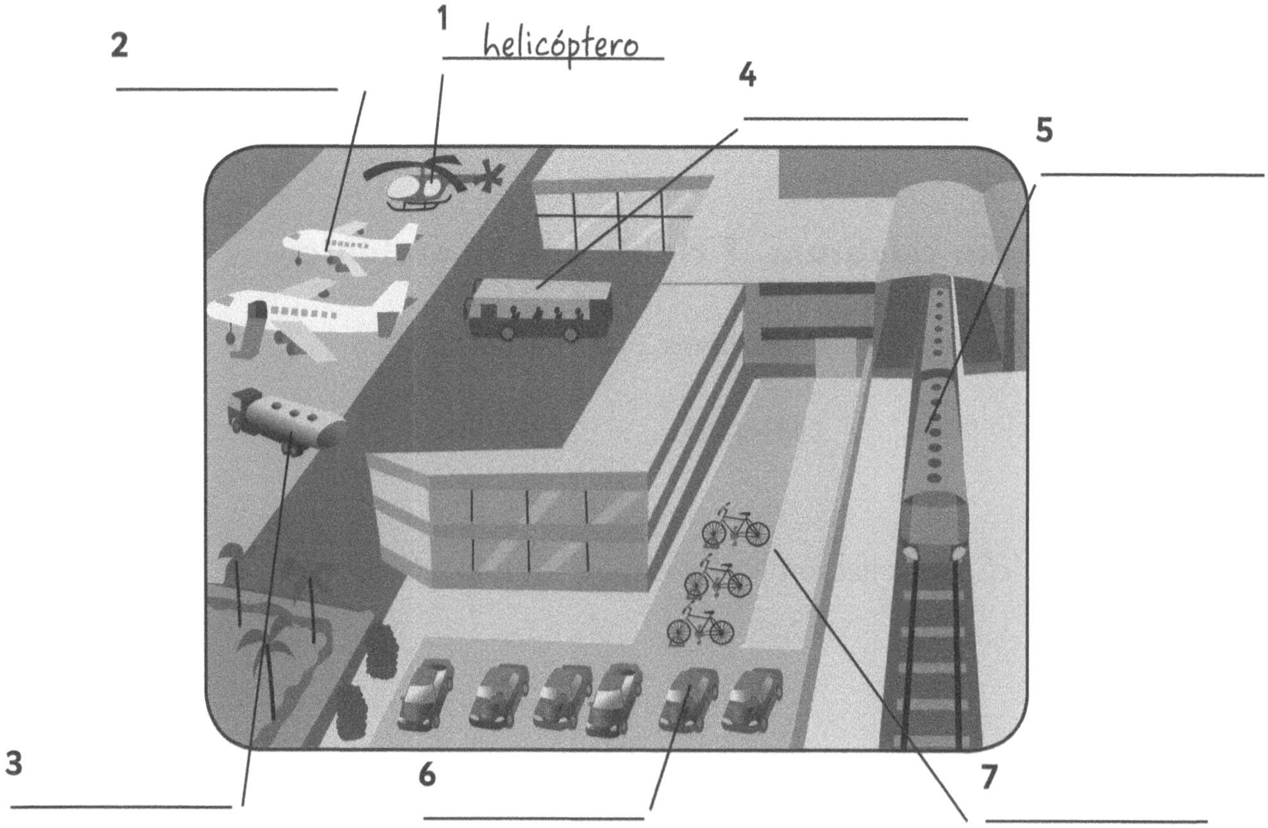

1 helicóptero
2
3
4
5
6
7

## 3 Elige y marca la palabra correcta.

1 El tren es más **(rápido)** / **lento** que la moto.
2 Voy al parque en **helicóptero** / **bicicleta**.
3 Voy a la escuela en **barco** / **carro**.
4 Mi hermano va a la playa en **camión** / **bicicleta**.
5 No me gusta ir en **avión** / **autobús** porque es lento.
6 **El carro** / **La moto** de mi padre es grande y roja.

## 4 Ester quiere ir a Colombia. Lee y contesta.

Me gusta visitar a mis abuelitos en Colombia. Vamos a Cartagena en barco. En Colombia hacemos muchas actividades. Voy a un partido de fútbol con mi padre. Mi madre y yo vamos de excursión en autobús. Todos vamos de campamento en tren. Voy a la playa en bicicleta con mi hermano. ¡Es muy divertido y practico español!

Ester

1 ¿Dónde viven los abuelos de Ester? _____Cartagena_____
2 ¿Cómo va a Cartagena? _____
3 ¿A dónde va con su padre? _____
4 ¿Cómo va de excursión? _____
5 ¿Cómo va al campamento? _____
6 ¿Cómo va a la playa? _____

## 5 Completa las frases.

1 Ir en bicicleta es lento.
2 _____
3 _____
4 _____
5 _____

## 6 Mira las imágenes y escribe las frases.

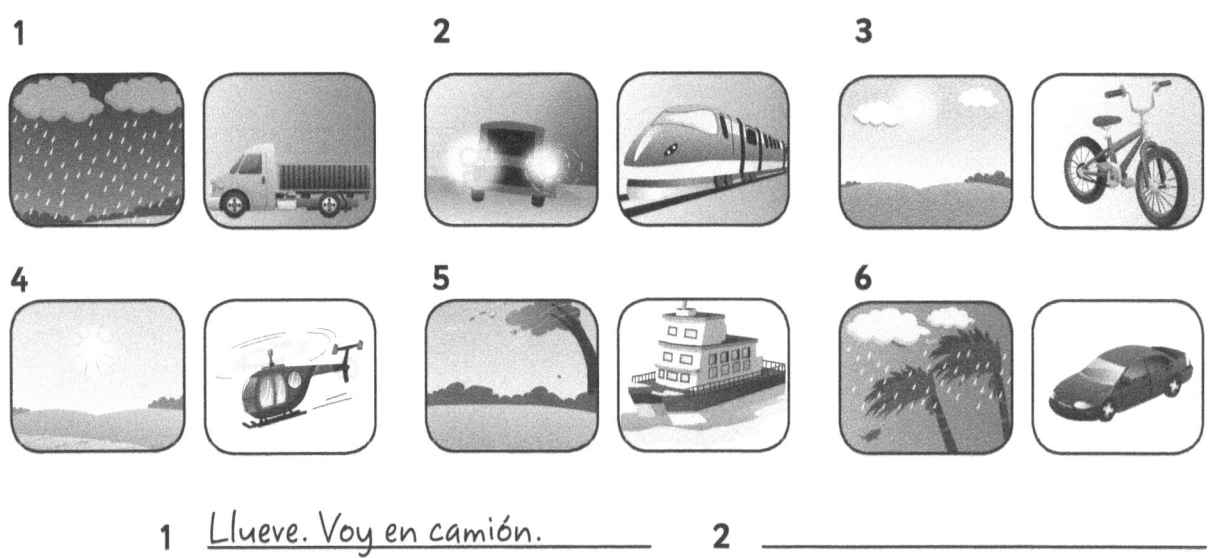

1 Llueve. Voy en camión.  2 _____
3 _____  4 _____
5 _____  6 _____

# 10 Voy en carro

**1** Escribe las frases.

|  | 🦶 | 🚕 | 🚲 | 🚗 | 🚌 | 🚆 |
|---|---|---|---|---|---|---|
| **1** a la escuela | ✔ | | | | | |
| **2** a la piscina | | ✔ | | | | |
| **3** a la playa | | | | ✔ | | |
| **4** al campamento | | | | | | ✔ |
| **5** al parque | | | ✔ | | | |
| **6** de compras | | | | | ✔ | |

1 <u>Voy a la escuela a pie.</u>

2 _____

3 _____

4 _____

5 _____

6 _____

**2** Habla con tu amigo/a.

¿Lucas, cómo vas a la escuela?

Voy a la escuela a pie.

## ¡Descubre!

Elige unos lugares. ¿Cómo vas de tu casa – en avión/carro/barco/bicicleta? ¿Cuántas horas lleva ir?

# 11 ¿Qué hora es?

**1** Empareja los relojes y las frases.

a     b     c

d     e     f

1  Son las doce.         2  Son las cinco.
3  Es la una.            4  Son las ocho.
5  Son las tres.         6  Son las siete.

**2** Elige la palabra correcta.

1     2     3

4    5    6

1  Son las **siete** / **(seis)**.     2  Son las **once** / **tres**.
3  Son las **cinco** / **cuatro**.     4  Son las **ocho** / **nueve**.
5  Son las **dos** / **doce**.         6  Son las **doce** / **diez**.

### 3 Completa las frases.

1 S___ las nueve.
   Son las nueve.

2 Son ___ ocho.

3 Son las di___.

4 Son las d___e.

5 ___ ___ cuatro.

6 ___ las o___e.

7 ___ ___ t___.

8 ___ la ___.

### 4 Lee y pon los relojes en el orden correcto.

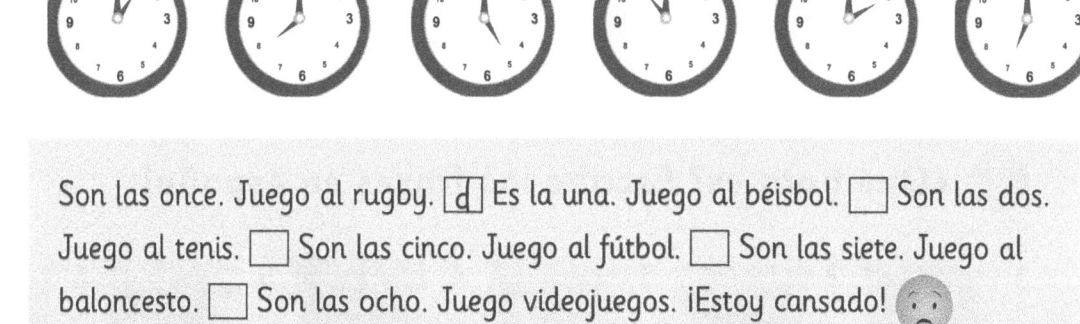

Son las once. Juego al rugby. [d] Es la una. Juego al béisbol. [ ] Son las dos. Juego al tenis. [ ] Son las cinco. Juego al fútbol. [ ] Son las siete. Juego al baloncesto. [ ] Son las ocho. Juego videojuegos. ¡Estoy cansado!

### 5 Mira las imágenes y habla con tu amigo/a.

| 9:00 | 11:00 | 12:00 | 3:00 | 5:00 | 8:00 |
|---|---|---|---|---|---|
| 🎾 | ⚾ | 🏈 | ⚽ | 🎮 | 🏀 |

Juego al tenis. ¿Qué hora es?

Son las nueve.

## 6 Completa las frases.

1
Son __las diez__.
__Nado__.

2
Son _____.
Voy _____.

3
Son _____. Tomo _____ de chocolate.

4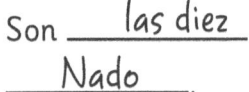
Son _____.
_____.

5
Son _____.
_____ videojuegos.

6
Son _____.
_____ música.

de pesca    ~~nado~~    juego    escucho    batido    patino

## 7 ¿Qué hora es? Escribe las frases en español.

1    2 6:30 9:05  3  12:35  4  5:15  5  11:50  6 7:00

1 __Son las seis y media.__    2 _____

3 _____    4 _____

5 _____    6 _____

### ¡Descubre!

Es la una aquí. ¿Qué hora es en…?

Caracas        Buenos Aires      Rio de Janeiro

Los Angeles    Melbourne         Mumbai

# 12 ¡Es la hora de comer!

**1** Corrige los errores.

1

~~Ceno~~ a las doce.
Almuerzo a las doce.

2

Mi hermana desayuna a las siete.
_____

3

Ceno a las ocho.
_____

4

Almuerzo a las cinco.
_____

5

Desayuno a las nueve.
_____

6

Mi madre almuerza a la una.
_____

**2** Mira las imágenes y habla con tu amigo/a.

|  | Desayuno | Almuerzo | Ceno |
| --- | --- | --- | --- |
| Carlos | 7:00 | 12:00 | 8:00 |
| Yolanda | 6:00 | 2:00 | 7:00 |

¿Carlos, a qué hora desayunas?  Desayuno a las siete.

# Review 2

**1** **Escribe las palabras.**

**Ejemplo:** Mi cumpleaños es en **gostoa**.   _agosto_

1  Voy de vacaciones en **cobra**. _____

2  El barco es **tonel**. _____

3  **yonedasu** a las siete. _____

4  El **namóic** está delante del carro. _____

5  Mi cumpleaños es en **botecur**. _____

6  El avión es **roidáp**. _____

/6

**2** **Escribe las frases.**

**Ejemplo:**   Son las nueve. Voy en ferry.

1 _____

2 _____

3 _____

4 _____

5 _____

6 _____

/6

30

## 3 Empareja el español y el inglés.

**Ejemplo:** Son las ——— cuatro.

1. Voy a la escuela
2. Mi abuela almuerza a
3. El cumpleaños de mi hermano
4. Me gusta
5. ¿Qué hora
6. Ir en avión

a. la una.
b. ir en ferry.
c. es?
d. es rápido.
e. en autobús.
f. es el 10 de noviembre.

/6

## 4 Escribe las frases en español.

**Ejemplo:** What time is it?  ¿Qué hora es?

1. I go to school by bike. _____
2. It's eleven o'clock. _____
3. My birthday is in February. _____
4. I have breakfast at eight o'clock. _____
5. I like to travel by bus. _____
6. My cousin has dinner at six o'clock. _____

/6

## 5 Elige la palabra correcta.

**Ejemplo:** Voy (a la escuela) / al parque / al cine a las ocho.

1. Mi cumpleaños es en **barco** / **lento** / **marzo**.
2. Ir a pie es **carro** / **lento** / **julio**.
3. **Desayuno** / **almuerzo** / **ceno** y después voy a la escuela.
4. Almuerzo a la **una** / **doce** / **dos**.
5. No me gusta jugar **música** / **la guitarra** / **al rugby**.
6. Dolores va a la escuela en **cuatro** / **carro** / **rápido**.

/6

31

# 13 Las materias

**1** Elige la materia correcta.

1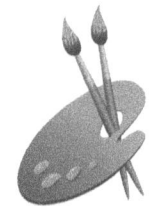
Estudio (arte) / ciencias.

2 
¿Estudias **matemáticas** / **historia**?

3
Estudian **educación física** / **informática**.

4
Estudio **geografía** / **arte**.

5
Estudian **ciencias** / **inglés**.

6
¿Estudias **español** / **música**?

**2** Busca las materias.

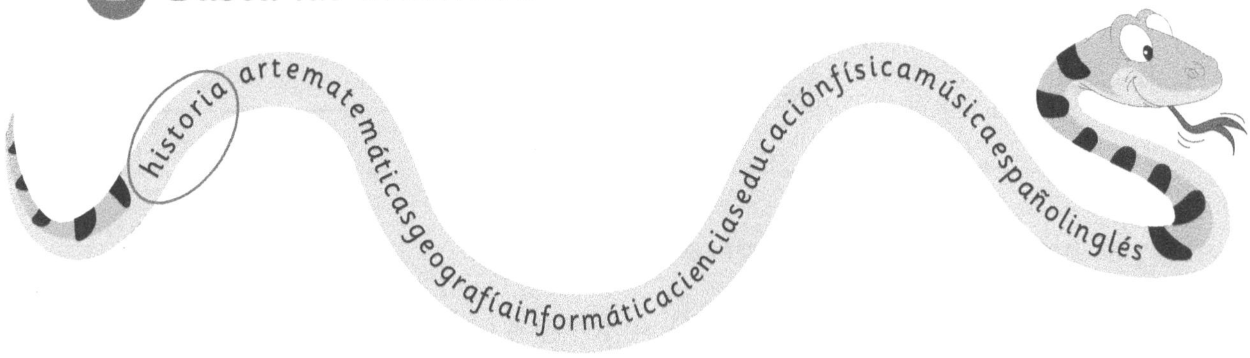

historia artematemáticasgeografíainformáticacienciaseducaciónfísicamúsicaespañolinglés

**3** ¿*El, la, los* o *las*? Escribe las materias de la Actividad 2 en el cuadro correcto.

| el | la | los | las |
|---|---|---|---|
|  | historia |  |  |

## 4 Empareja las frases.

1 Estudio — a estudia inglés.
2 Rubén y Elena   b No. Estudio arte.
3 ¿Estudias — c historia y arte.
4 Jorge   d estudiamos matemáticas.
5 Mi hermano y yo   e estudian música.
6 ¿Estudias música?   f español?

## 5 ¿Verdadero o falso? Lee y marca V o F.

¡Hola, Paulita! ¿Cómo estás? Estudio historia y música. La música es fácil pero la historia es difícil. Mi hermano, Javi, estudia arte. Es interesante. Mi materia favorita es el español. ¿Y tú? ¿Cuál es tu materia favorita?

Sofía

1 Sofía estudia música.   Ⓥ / F
2 La historia es fácil.   V / F
3 La música es interesante.   V / F
4 Javi estudia matemáticas.   V / F
5 El arte es difícil.   V / F
6 La materia favorita de Sofía   V / F
  es el español.

## 6 Completa las frases.

fácil / fáciles  difícil / difíciles  interesante / interesantes

1 La música es ☺ _____fácil_____.

2 Las matemáticas son 📖 _____.

3 El arte es ☹ _____.

4 Las ciencias son ☺ _____.

5 La educación física es ☺ _____.

6 El inglés es ☹ _____.

7 El español es 📖 _____.

## 7 ¿Qué estudias? Escribe los detalles.

> Estudio … arte / español / inglés / educación física / geografía / historia / informática / música / ciencias / matemáticas
>
> Es / Son… fácil/fáciles / difícil/difíciles / interesante/interesantes

Estudio ciencias. Son interesantes.

## 8 Completa el mensaje.

> gusta   estudia   ~~materia~~   interesante   Es
> Estudio   difíciles   arte   educación física

¡Hola, Alex!

Mi (1) __materia__ favorita es la (2) _____ _____.

No me (3) _____ la geografía. (4) _____ difícil.

(5) _____ matemáticas. Son (6) _____. Mi hermano

(7) _____ (8) _____. Es (9) _____. ¿Y tú?

¿Qué estudias?

### ¡Descubre!

¿Quieres ir a la universidad? ¿Qué quieres estudiar?

Busca las materias para tus profesiones favoritas.

# 14 El lunes...

**1** ¿Qué estudian los alumnos? Escribe las frases.

| lunes | martes | miércoles | jueves | viernes |
|---|---|---|---|---|
| informática | inglés | español | historia | matemáticas |
| educación física | geografía | ciencias | arte | música |

El lunes estudian informática y educación física.

_____

_____

_____

_____

 **2** Habla con tu amigo/a.

¿estudias/lunes?

¿estudias/martes?

estudiamos/miércoles

estudia/jueves

estudian/viernes

Hello!

¡Hola!

¿Qué estudias el lunes?

El lunes estudio informática y matemáticas.

35

# 15 ¿Dónde está el pez azul?

**1** Escribe las palabras.

1
el cangrejo

2
_____

3
_____

4
_____

5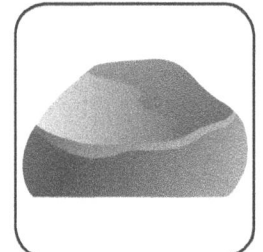
_____

6
_____

7
_____

8
_____

9
_____

**2** Habla con tu amigo/a.

> En la playa veo un cangrejo.

> En la playa veo un cangrejo y unas conchas.

**3** Elige la descripción correcta.

1. La pala está en el cubito. El cangrejo está sobre la roca. Hay un castillo de arena en la playa. Los peces amarillos están en el mar.

2. La palmera está entre la roca y el cangrejo. El cubito está sobre la roca. La pala está en la playa.

3. La palmera está entre la roca y el cangrejo. Las conchas están sobre la roca. Los peces amarillos están en el barco.

4. Hay un cangrejo en la playa. La pala está en el cubito. La palmera está entre el cangrejo y el cubito.

**4** Elige una de las otras descripciones de la Actividad 3 y dibuja.

## 5 Lee los detalles y dibuja.

1  El pez azul está en el mar.
2  La pala está entre el cubito y la roca.
3  El castillo de arena está en la playa.
4  La palmera está entre la roca y el mar.
5  Las conchas están sobre la roca.

## 6 Completa las frases.

1  El o__so__ __de__ p__eluche__ está __sobre__ la p__atineta__.
2  El p_____ _____ _____ la s_____.
3  El c_____ _____ _____ _____ _____ la p_____ y el c_____.
4  El r_____ _____ _____ el c_____.

### ¡Descubre!

¿Cómo se llaman las playas más famosas de…?
México    Venezuela    Colombia    Cuba
Busca deportes y actividades divertidas para hacer en la playa con tus amigos.

# 16 ¡Está detrás de ti!

**1** Completa las frases.

| detrás de | al lado de | cerca de |
| delante de | debajo de | lejos de |

1  perro / gato          El perro está detrás del gato.
2  caballo / tortuga     _____
3  serpiente / peces     _____
4  lagartija / hámster   _____
5  peces / perro         _____
6  pájaro / serpiente    _____

**2** Habla con tu amigo/a del dibujo de la Actividad 1.

¿Dónde está la tortuga?     La tortuga está cerca del caballo.

# 17 Mis vacaciones

**1** Pon las letras en el orden correcto y escribe las frases.

1  daran ne le mar
   <u>nadar en el mar</u>

2  chaer wobsnardo
   _____

3  reach grifuns
   _____

4  ri a nu smueo
   _____

5  harec queís
   _____

6  caras tofos
   _____

7  rvjaai
   _____

8  ri a al yalpa
   _____

9  rahec smigüaripo
   _____

10 ri la icooóozgl
   _____

**2** Mira las frases de la Actividad 1 y escribe el número que corresponde con la imagen.

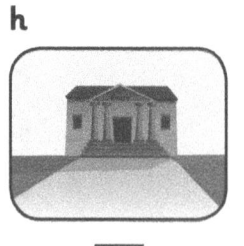

a  ☐
b  ☐
c  1
d  ☐
e  ☐
f  ☐
g  ☐
h  ☐
i  ☐
j  ☐

## 3 Empareja los verbos y las actividades.

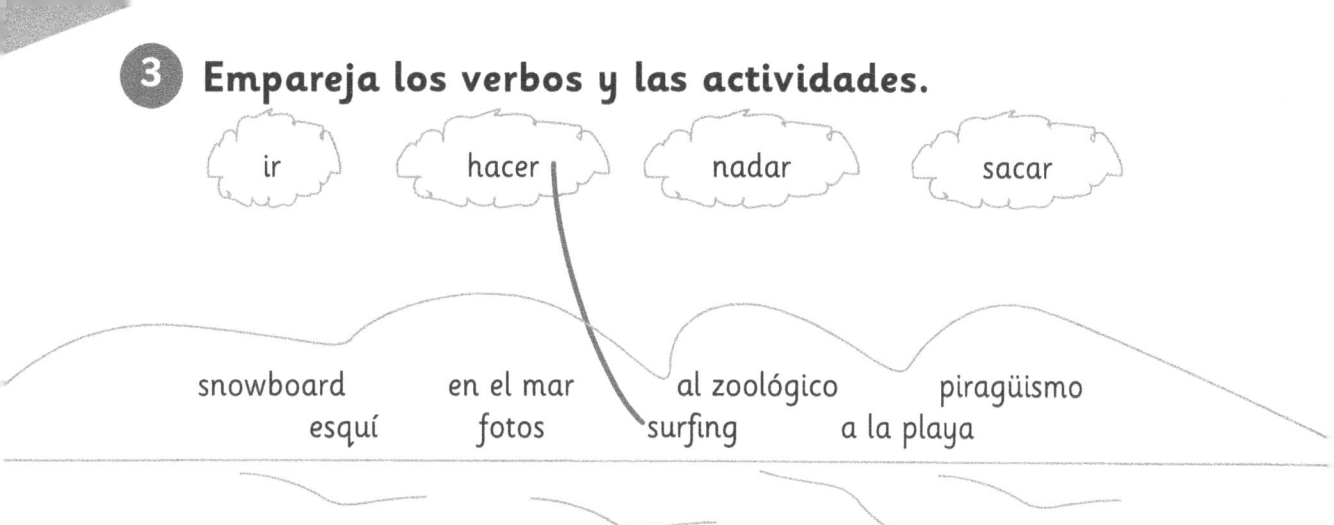

ir　　hacer　　nadar　　sacar

snowboard　　en el mar　　al zoológico　　piragüismo
esquí　　fotos　　surfing　　a la playa

## 4 Lee y completa los planes de Gustavo Martín.

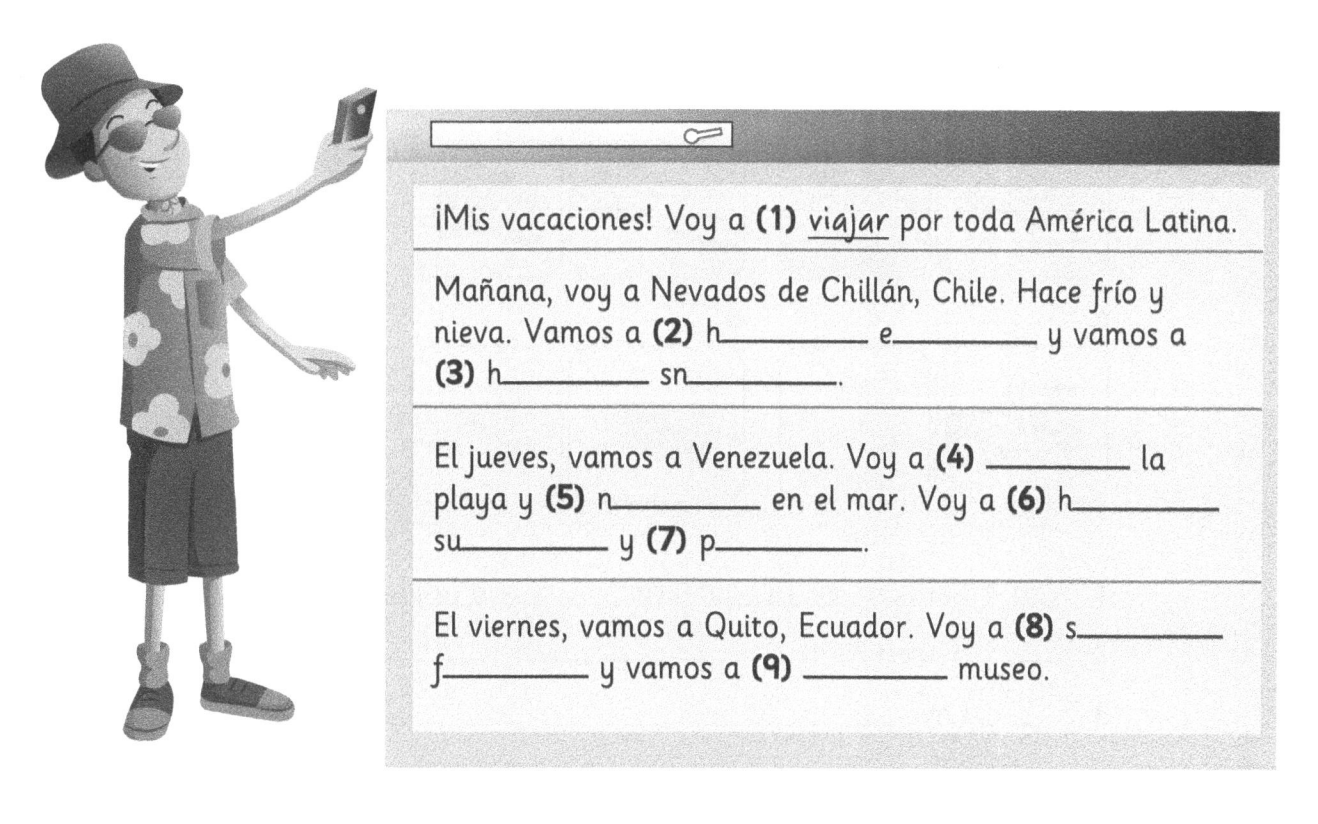

¡Mis vacaciones! Voy a **(1)** viajar por toda América Latina.

Mañana, voy a Nevados de Chillán, Chile. Hace frío y nieva. Vamos a **(2)** h_____ e_____ y vamos a **(3)** h_____ sn_____.

El jueves, vamos a Venezuela. Voy a **(4)** _____ la playa y **(5)** n_____ en el mar. Voy a **(6)** h_____ su_____ y **(7)** p_____.

El viernes, vamos a Quito, Ecuador. Voy a **(8)** s_____ f_____ y vamos a **(9)** _____ museo.

## 5 ¡Eres Gustavo Martín! Habla de tus vacaciones con tu amigo/a.

¿Qué vas a hacer en Venezuela?

Voy a nadar en el mar.

## 6 Imagina tus vacaciones ideales y escribe los detalles.

> Voy / Vamos a...   hacer snowboard / esquí / surfing / piragüismo
> nadar en el mar / viajar / sacar fotos
> ir a la playa / a un museo / al zoológico

Voy a Colombia. Voy a...
_____
_____
_____

## 7 Escribe las frases.

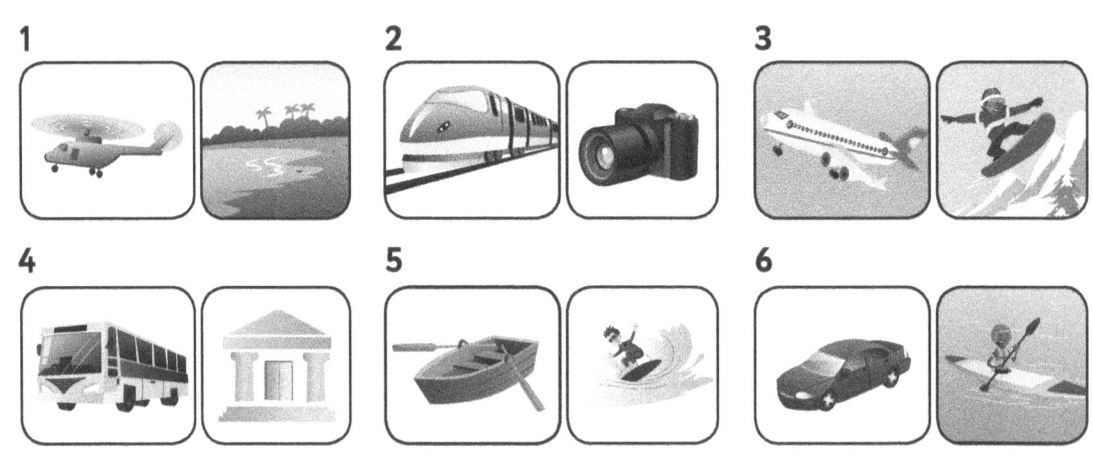

1 Voy a Caracas en helicóptero. Voy a ir a la playa.

2 _____ Buenos Aires _____

3 _____ Chile _____

4 _____ Lima _____

5 _____ Costa Rica _____

6 _____ Nicaragua _____

### ¡Descubre!

Busca cinco destinos populares de Latinoamérica. ¿Cuál es tu favorito? Imagina tus vacaciones allí y escribe los detalles.

# 18 Quiero sacar fotos

**1** ¿Verdadero o falso? Lee y marca V o F.

> ¡Voy de vacaciones con mi familia! Quiero ir a la playa y hacer surfing. También quiero nadar en el mar con mis hermanas. Todos vamos a hacer piragüismo. Mis padres quieren viajar y sacar fotos. Mis hermanas quieren ir al zoológico a ver los animales pero yo quiero ir a un museo. ¡Va a ser muy divertido!

1. Voy de vacaciones con mi clase.    V / **F**
2. Quiero ir al zoológico con mis hermanas.    V / F
3. Quiero hacer surfing.    V / F
4. No quiero ir a un museo.    V / F
5. Quiero nadar en el mar con mis hermanos.    V / F
6. Mis padres van a hacer piragüismo.    V / F
7. Mis padres no quieren sacar fotos.    V / F
8. Mis hermanas quieren ver los animales en el zoológico.    V / F

**2** Mira las imágenes y habla con tu amigo/a.

1. ✓
2. ✗
3. ✗
4. ✗
5. ✓
6. ✓
7. ✗
8. ✓

— ¿Quieres hacer piragüismo?
— Sí, quiero hacer piragüismo.

# Review 3

**1  Empareja las frases.**

**Ejemplo:** El lunes estudio ——— geografía y ciencias.

1  Las conchas están entre           a  hacer snowboard?
2  Voy a ir                          b  son interesantes.
3  ¿Quieres                          c  a la playa.
4  Mi materia favorita               d  el mar y la palmera.
5  El castillo de arena              e  es la educación física.
6  Las matemáticas                   f  está detrás del cubito.

☐ /6

**2  Elige la palabra correcta.**

**Ejemplo:** El inglés es **fáciles** / **(interesante)** / **difíciles**.

1  Los peces azules **son** / **está** / **están** al lado del barco.
2  Mi materia favorita es la **educación física** / **arte** / **español**.
3  Voy a nadar en el **sol** / **museo** / **mar**.
4  Las ciencias son **interesante** / **difícil** / **fáciles**.
5  Quiero **jugar** / **hacer** / **sacar** piragüismo.
6  La roca está debajo **de la** / **del** / **de los** cangrejo.

☐ /6

**3  Escribe las palabras en el cuadro correcto.**

| el | la | los | las |
|---|---|---|---|
|  | geografía |  |  |

playa   peces   roca   arte   matemáticas   cangrejo

☐ /6

44

## 4 Mira la imagen y completa las frases.

**Ejemplo:** El castillo de arena está <u>en</u> la playa.

1 La palmera está _____ el barco y el mar.
2 La tortuga está _____ la palmera.
3 Los peces amarillos están _____ la playa.
4 El cubito está _____ la tortuga.
5 La roca está _____ la palmera.
6 La pala está _____ la roca.

/6

## 5 Completa el mensaje.

~~estudio~~   español   nadar en el mar   Voy
interesante   sacar   difíciles

Hoy __estudio__ matemáticas y **(1)** _____. El español es **(2)** _____ pero las matemáticas son **(3)** _____. Mañana voy de vacaciones. **(4)** _____ a **(5)** _____ fotos y **(6)** _____.

/6

## 6 Empareja las preguntas y las respuestas.

**Ejemplo:** ¿Cómo es tu hermano? —— Deportista y simpático.

1  ¿La Srta. Duarte habla francés?     **a**  Delante de la palmera.
2  ¿Cómo vas a la escuela?             **b**  No, habla inglés.
3  ¿Dónde está el barco?               **c**  A las ocho.
4  ¿Quieres ir a la playa?             **d**  Geografía y ciencias.
5  ¿A qué hora cenas?                  **e**  En taxi.
6  ¿Qué estudia Marta el jueves?       **f**  ¡No, hace frío!

## 7 Completa las frases.

/6

quiero   son   ~~Voy~~   estudian   gusta   almuerza   Juegas

**Ejemplo:** __Voy__ a hacer snowboard.

1  El lunes _____ español, historia y matemáticas.
2  ¿_____ al hockey?
3  Mi hermana _____ a las doce.
4  Me _____ ir en carro.
5  No _____ ir a un museo.
6  Mis padres _____ amables y generosos.

/6

46

## 8 Pon las palabras en el orden correcto y escribe las frases.

**Ejemplo:** tímida gracioso es mi es tía y tío mi
Mi tía es tímida y mi tío es gracioso.

1 es treinta cumpleaños el uno su marzo y de
_____

2 bicicleta del la carro delante está
_____

3 física es la interesante educación
_____

4 béisbol buena no en soy
_____

5 sábado camping a ir el voy de
_____

6 gusta en ir ferry me no
_____  ☐ /6

## 9 Corrige los errores.

**Ejemplo:** Mi hermana juega al críquet y ~~a la~~ al tenis de mesa.

1 Mi abuelo almuerza a las una.

2 Las matemáticas son fácil.

3 Mis hermanos es perezosos.

4 Deme veinte y tres caramelos, por favor.

5 Los peces azules está debajo de los peces amarillos.

6 Ir en helicóptero es rápida.  ☐ /6

47

# My Spanish notes